プロデュース100の心得。

平野暁臣

イースト・プレス

新しい価値を生みだしたい
すべてのひとへ

プロジェクトを率いて、かつてないものをつくりだす。
それが「プロデュース」とよばれるものの本来の姿です。
プロデュースは、とてつもなくスリリングで面白い。しかし、世の中にまだないものごとを生みだすのは、もちろん一筋縄ではいきません。そこに規則やマニュアルなどはなく、何が起こるかもわからないからです。では、いったい何を手がかりに進めば、漂流や座礁をせずに目的地までたどり着くことができるのでしょう。

●「何を身につけて、どんな態度で臨めばよいのか？」
●「新しい価値を生みだすときに必要な方法とは何なのか？」

この本には、プロデュースの発想と技法にまつわるヒントが凝縮されています。
ここにあるのは、ぼくがこれまで30年近いプロデューサー人生をかけて習得してきたことを100のテーマですくいあげ、コンパクトにまとめたプロデュースの「心得」百選です。それぞれの感性で解釈や発想のイメージを膨らませてほしいとの思いから、星素子さんによる「言葉アート」を、１つひとつ対になるよう配しました。
クリエイティブなものづくりをめざす人、クリエイティブに生きたい人、これからの世の中に新しい価値を発信していきたい人たちの“羅針盤”のような存在になってほしい。それが本書の願いです。

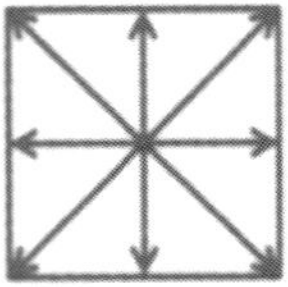

言葉アート[素《もと》ことば]
縦・横・斜め…自由に漢字を感じて。星素子が開発した想像する心を応援するコンセプチュアルアート／視覚詩。循環する型を通して見方や意味を限定せず、ひきだす新しい詩のカタチ。

体　磨

覚　術

体で覚えたことは忘れない。

プロデューサーは、
チームを率いてプロジェクトを進め、
かつてないものを世の中に出現させる司令官。
しかし現場でいきなり“自分流”は通らないもの。
場数を踏んで“体で覚える”ことが大切です。
まずは師や先輩と同様にできるまで、
何度も真似てやってみる。
ギターの習得と同じで“完コピ”を繰り返して
腕を上げていくのです。
理屈ではなく体で覚えたことは忘れないし、
将来にわたって自分を支えてくれます。

創技
自一

自分だけの決め技をつくる。

《かけひき／決め技にもちこむ／勝利する》
これが、ゲームからスポーツにいたる
すべての“闘い”に共通する基本原則。
クリエイティブワークにおいても同じです。
よい仕事をするには、実践を重ねて得意技を磨くこと。
ただし、欲ばる必要はありません。
決め技は１つあれば十分。
むしろ「自分にはこれしかない」くらいでちょうどいい。

意信

伝芯

「何」よりも「なぜ」から考える。

意志が稀薄なプロジェクトに、
クリエイティブな力は宿らない。
芯になるのは、つくり手の問題意識であり
「なぜ？」の部分だから。
個々の「メニュー」のレベルから考えはじめると、
たいていは薄っぺらなものになってしまいます。

- そのプロジェクトはなぜ存在するのか？
- どんな価値を送りだそうとしているのか？
- なんのためにつくるのか？

「何をつくるか」の前に「なぜつくるか」を問いかけよう。

野望

射心

アイデアとは欲望であり、個人的な経験に育まれた創造的な野心の結晶である。プロジェクトの核心に「欲望と野心」をセットせよ。

創造性を支える動機《モチベーション》は、
本来的にパーソナルなもの。
すべては個人の思いと情熱からはじまり、
「やりたい」は「やるべき」をしのぎます。

景　情

起　憶

「情景《シーン》の記憶」を貯金しよう。

アイデアが生まれるとき、
自分の中に湧きだしてきた
イメージの断片が連鎖し、
化学反応をおこして結合していく。
その源泉になるのは、身体感覚をともなうリアルな経験。

- 本物を見る
- 気になる場所に行く
- 未知の世界に触れる…

コツコツ身体《からだ》に貯金《ストック》していこう。

発　像

善　進

前にすすむサイン。

直感で面白いと思えるか？
挑戦に値すると信じられるか？
それがすべての出発点。
もしワクワクする情景《シーン》が
イメージできたら
迷わず前に進もう。

● 映像《イメージ》が先、言葉《ロジック》は後。

優　選

純　意

“説明症候群”に気をつけろ。

「うまく説明できること」を優先して考えてしまう
“説明症候群”に陥らないように。
「みんなが納得するか？」や
「上司やクライアントを説得できるか？」
から考えはじめてはいけません。
説明するために存在するプロジェクトなどないのだから。

形成
生以

リーダーがなすべき２つのこと。

何もないところから核となる形をつくり、
それを大切に育てながら精度を高めていく。
プロジェクトは、作陶に似ています。
プロジェクトリーダーがなすべきことは、たった２つ。
●「さいしょの形」を生みだすこと。
● その形を整えていくこと。

命動
創志

ミッションはつくりだすもの。使命がくっきりと見えたとき、プロジェクトはようやくスタートラインに立つ。

ミッションは自明のものとして
そこに“ある”ものではない。
ましてや気分やムードで漠然と思い描くものでも、
エモーショナルな願いや期待でもありません。

今在
己答

迷ったら
ミッションに立ちもどる。

難しいプロジェクトや複雑なプロジェクトほど、
判断のよりどころはシンプルな方がいい。
予想外の事態に直面したり、大きな決断に迫られたときは、
ミッションに立ちもどって考えましょう。
ミッションこそ、プロジェクトの存在理由です。

悟理
霧沖

逆に賭けてみる。

針路を定める手がかりが見つからない。
どっちに進めばよいのかわからない…。
プロジェクトが漂流しそうになったときは、
“逆張り”してみるのも手です。
普通のやり方の正反対を選ぶ。
あえて常識とは逆の道を行く。
きっと霧が晴れてくるでしょう。

左右回路

右脳と左脳を行き来しながら。

プロジェクトを理屈や観念だけで進めないように。
ピンポンのように、映像《イメージ》と言葉《ロジック》を
往復しながら考えましょう。
目を閉じてプロジェクトがゴールする瞬間を
想像したときに、実感がなくワクワクする情景《シーン》が
イメージできないときは危険です。

超躍

自劇

何が欲しい？

“御用きき” から感動は生まれません。
買い手に欲しいものを聞いて、
それを差し出しても感動には至らないでしょう。
人は自分が経験した範囲でしかイメージできないもの。
買い手の期待も想像の範囲内だから、
答えをそのまま実現したところで
せいぜい感心どまり。
あえて「何が欲しい？」とは聞かずに、
サプライズのある感動を生みだそう。

観浮
掘素

ベンチマークは、自分です。

まだないものをつくりたいなら、
自分の問題意識や動機を出発点にしよう。
競争相手や競合商品を基準とした比較分析からでは
前よりちょっといいものは生まれても、
心躍るものを生みだすことは難しい。

我田異景

形式を借りる。

第１楽章が夜明けなら
第２楽章は…？
たとえば、空間演出のドラマ性を高めるために
交響曲のイメージで光を変化させたり、
作家の世界観や背景を伝えるために
フリーマーケット形式で
展覧会を構成したことがあります。
そんな風に、既存の形式を借りて
発想のプラットフォームにする手も。
他ジャンルの形式のなかに別の世界観を挿入することで、
創造的な出来事に変えることができるでしょう。

申_モウス。

形式から自由になる。

定番の形式をいったんご破算にしてみるのもいい。
型通りの進行やマニュアル通りのサービスに
創造的な価値は生まれにくいものだから。
「○○とはこういうもの」という固定観念から自由になってみる。
特別な○○、非常識な○○、その人だけの○○…。
かつてないやり方を、模索してみよう。

名士花咲

アイデアに名前をつけよう。

アイデアが浮かんだら、
チャーミングな名前をつけてコンセプトを共有しよう。
共有意識をメンバーに与えることで、チームで
発想を膨らませていくよい土壌になるでしょう。
（例）「花火と昆虫採集」「DNAの森」
　　「感性の絵巻」「彫刻の大地」
コンセプトを共有し広げるうえで、
メタファーはとても役に立ちます。

手足頭考

つくりながら考える。

考えるのは頭、手足は道具。
もしそんな風に考えているのなら、
早くそこから自由になろう。
「さいしょの形」を固めるときに頼りになるのが、
手（身体）からの直観。
建築家やデザイナーは「さいしょの形」を生みだそうと
何枚もデッサンを描き、模型をつくっては壊します。
走りながら見えてくる景色もあるのです。

発　種

酵　育

いったん寝かせてみる。

アイデアを思いついた瞬間はたいてい
「これでいける！」と思うもの。
でも、そのまま一気に突っ走らない方がいい。
そこまで来たら、そのアイデアを
いったん忘れて別の案を考えてみる。
しばらく放っておくうちに
ダメなものは陳腐さが浮きたってきて自ずと脱落し
モノになるアイデアだけが残るから。
盲目的に飛びつかないように。

誘画
時軸

ゴールは動画で。

プロジェクトは、静止画ではなく動画だと考えよう。
ゴールを“点”としてイメージすると、
発想のアプローチが無機的・抽象的になり
リアリティから遠ざかってしまいます。
アイデアに時間軸を取り込んで、
プロジェクトがひきおこす情景《シーン》を
絵コンテのようにスケッチしてみる。
状況をデザインするのです。

軌　跡

視　握

アイデアをファイルしよう。

ボツにしたものを含めて、アイデアの断片すべてに
日付をいれてファイリングしておこう。
後で使い回すためではありません。
着想のプロセスを俯瞰しながらたどることで、
自分の発想の傾向や特質をつかむことができるから。
思考過程を客観的に自覚するのです。

快　晴

集　価

リーダーの役割とは？

「面白いか？」「意義があるか？」
プロジェクトに参加する人の創造的なモチベーションは、
おおむねこの２つの要素で決まります。
両者を兼ね備えたプロジェクトは
クリエイティブな人間をひきつける魅力をもつから、
創造的なエネルギーが集まることに。
この２つを揃えること、語ること。
それが、リーダーの役割です。

水脈

呼人

情報ソースは活用できればいい。

情報は自分の中に経験値として蓄積するのがいちばん。
経験から得られた情報は文脈になるうえ、
実感という圧倒的な質を備えているので強力かつ貴重です。
でも必要な情報すべてを自分の中に蓄え
所有することは不可能。
リーダーは常にアップデートされている専門家の知見を
うまく取り込んで活かすことを考えましょう。
最新かつ最良の情報を活用できる状況を整えること。

恩師
知新

“師《マスター》”を探せ。

生きた情報は
生身の人間の中にしかありません。
そして、どんな分野にも経験豊富な実力者がいます。
プロジェクトに必要な知恵を授けてくれる
師《マスター》を探す旅にでよう。
いろいろな世界に幅広く師のネットワークを広げるのです。
戦術のバリエーションは、師の数で決まるのだから。

お客さんの好きなものをつくるのではなく、
お客さんが見たこともないもの、
好きになるもの、楽しいもの、欲しくなるものを僕らが生み出し、
発信していきたいんです。
いうなれば、お客さんに聞くのではなく、
「お客さんに教えてあげよう」という
〝超上から目線〟です。

——宮脇修一（海洋堂社長）

もし私が顧客に、彼らの望むものを聞いていたら、
彼らはもっと速い馬が欲しいと答えていただろう。

——ヘンリー・フォード

集合

個織

プロジェクトとは
１回限りのスペシャルチーム。

高いモチベーションをもつ個人が
１回限りのチームを組んで
新しい価値の創出をめざす。
それがプロジェクトの本質です。
特定のミッションに立ち向かうスペシャルチームだから、
ルーティンのライン組織とは性格が真逆。
組織の運営は手間がかかるしリスクもありますが、
イノベーションに適しているのは
個人でも大組織でもなく小集団。
イノベーションを手にしたければ、
顔の見える小さな集団を組織することです。

旗艦
考造

スカンクワークスから学ぶべきこと。

近代的なプロジェクト構造の原点といわれるスカンクワークス。チームリーダーのケリー・ジョンソンが掲げたプロジェクト運営のルールは、現在も通用するものです。

- リーダーがプロジェクトのすべてをコントロールする。
- クライアントとの間に最小限かつ強力な連絡調整機能を確保する。
- 優秀なメンバーのみで編制し、できるだけ少人数にする。
- 簡便で融通のきく図面システムにする。
- 報告書は必要最小限にする。ただし重要事項は必ず記録に残す。
- 毎月プロジェクトの見直しをおこなう。

白球
意守

「みんないるから安心」の誘惑に勝つ。

重要なプロジェクトほど多くの人員を投入すべきと考えがちです。事実、新しいことをはじめるときに沢山の顔が揃っていれば安心できるでしょう。
しかし人数が多いほど優れたアイデアが湧きでたり、プロジェクトのクオリティが上がるというわけではありません。むしろ適正規模を超えると、意思決定のスピードが落ちて“三遊間を抜ける”事態が頻発してしまうことも。
本質的にプロジェクト運営には少数精鋭が向いています。そして、その適正数を判断するのはリーダーの重要な仕事です。

精　成

効　果

作戦会議は数人で。

ともに戦術を組み立てていくコアメンバー（第一階層の指揮官）の適正数は、おおむね数人。上限はせいぜい10人。これは、プロジェクトの規模にかかわらず一定です。ひとりのリーダー（司令官）が直接指揮する範囲として、どんなに大きなプロジェクトであってもこれ以上増やす必要はありません。
有能なコアメンバーが数人いれば作戦の立案遂行は可能だし、その数が少ないほど、組織の機動力は増していくのだから。

百　価

良　卵

メンバーの発想はバラバラがいい。

実際にプロジェクトが動きだすと、
チームメンバーの思考と価値観を同化したくなるものです。
チームの結束と安定が手に入るうえ、
全員が同じ判断をする組織は管理しやすいから。
しかしリーダーは、発想が広がる可能性を摘みとらないため
にも、画一的な価値観を強要してはいけません。

機　動
践　隊

“ひとつのマシン”をつくらない。

30

チームをつくる際に、構成メンバーをパーツとする
“ひとつのマシン” を想定しがちですが、
それは間違いです。
創造する組織で大切なのは、
それぞれが自らの判断で即座に動けること。
リーダーは、チームのコアメンバーが
これを試してみようと思いついたときに、
面倒な手続きや承認がなくても実行に移せるだけの
自由と権利を保証するべきです。

運　用

達　盛

アイデアは誰のもの？

作戦会議は、
コアメンバー皆でアイデアをぶつけあいながら
磨いていくもの。
それが誰のアイデアかは問題ではありません。

自　主

体　現

士気を上げる方法。

自分は言われたことをやっているだけ…。
そう感じさせては士気が上がりません。
指揮官（コアメンバー／ディレクター）が
戦略を実現する“作戦”は自分の発想から生まれた
と思えることが理想です。それは、困難に直面した時にも
強い情熱をもって堪える力になります。
そして、指揮官全員にそう思わせるのは
指揮官（リーダー／プロデューサー）の
腕の見せどころでもあるのです。

必　終

始　興

必ず終わる。だから強い。

プロジェクトの存立基盤は「必ず終わる」ことにあります。
瞬発力が発現するのはルーティンの秩序から
解き放たれているからであり、
ダイナミズムはライン型の形式に
依存しないことにより生まれるのです。
どんなによい結果を出したとしても、
永続する仕組みとして残そうなどと
考えるべきではありません。

正　真

実　直

嘘はつかない。隠しごとはしない。

リーダーは、チームメンバーに対して嘘をつかず、
隠しごとをしないこと。
チーム運営で大切なのは、愚直なまでの正直さであり、
メンバーと運命を共にする覚悟です。
腹の探りあいをしながらでは戦友にはなれないでしょう。
むき出しの正直さは、ときに残酷であっても
受け入れるしかないのです。

平姿
拡行

チームの原則は、
ルーズ＆フラット。

プロジェクトの組織構造はピラミッド型の「命令→服従」系がよいと思われがちですが、じつは逆。
１人ひとりの個性をぶつけあうクリエイティブなプロジェクトでは、メンバーの創造的なメンタリティを許容する空気が不可欠で、それを担保するのはルーズでフラットな関係性です。
上から下への指示系統しかもたない組織では、創造的なアイデアは広がりません。

界術

人選

メンバーは直感で選ぶ。

誰をコアメンバーに起用するか？
この決定的な問題に際して、
真っ先に目を向けるべきは情熱とモチベーション。
客観指標はないので
リーダーが直感で選ぶしかありません。
仕事の内容から合理的に適任者を選びたいところですが、
それでは順番が逆です。

- プロジェクトを分析してメンバーを選ぶのではない。
- メンバーと共に、プロジェクトを分析していく。

組手
数寄

ジャズシンガーは、
シャウトしない。

プロジェクトとは、メンバーの得意技の積算です。
選ぶときも選んでからも、
リーダーは常にメンバーの持ち味を意識して考えましょう。
それを理解してチームをつくり、
得意技を生かした作戦をたてること。
果たしてジャズシンガーは、
シャウトするでしょうか？
メンバーを揃えた時点で、戦い方は決まるのです。

順火

積点

組み合わせと順番がたいせつ。

メンバーの「意志」と「能力」と「情熱」。
この３つで勝負は決まります。
しかし、単純な足し算にはならないので要注意。
組み合わせと順番が大いに影響します。
取り合わせがよければ良質の化学反応を起こし、
参画順序を間違えると狙い通りに進みません。

尊信
触求

相互リスペクトは、求心力の源。

「あの人の着想は面白い」
「あの人との仕事には発見がある」
「あの人となら存分に腕をふるえそうだ」
互いがそう感じる組み合わせなら、
プロジェクトは放っておいても加速します。
相互リスペクトは人材をひきつける磁石であり、
お互いを触発する触媒になる。
それがクリエイティブなコミュニティの
基本原理です。

新　響

指　色

新しい血を入れよう。

「成功体験を共有したメンバーとまた仕事をしたい」
そう考えるのは当然ですが、
新しいプロジェクトには少しでも新しい血を。
よい意味でのストレスを引き起こし、
チームに緊張感《テンション》が生まれます。
それは単にマンネリを回避するだけでなく、
戦い方のバリエーションを拡張することにもつながります。

新世
起発

本当のコラボレーションとは？

コラボレーションの真価とは、
異なる分野のメンバーが
触発しあって
新しい価値を生みだすこと。
単なる共同作業ではなく、
情報共有は
そのための手段に過ぎません。
同じ船に乗っているだけで
コラボレーションしている気分になってはダメ。
新たな着想を発見して、
プロジェクトをクリエイティブに推し進めよう。

弦音
調和

リーダーは
目的意識のチューニングを。

プロジェクトが離陸し
メンバーが全力疾走をはじめると、
それぞれの針路が微妙にズレてくることがあります。
熱くなってのめり込むうちに、
自らを客観視できなくなるためです。
勢いにのって走っている時こそ、
メンバーの目的意識をチューニングした方がいい。

歓　脳
共　創

歓喜しかご褒美にならない。

プロジェクトの創造性がクリエイティブな
才能を引き寄せ、そこにある創造の歓びが
モチベーションをかきたてます。
マイケル・ジャクソンの『This is it』に
参加したダンサーたちの
モチベーションはお金だけ？
その人と共につくりあげるという
クリエイティブな歓喜が
そこにあったはずです。

チームをつくったり、コンビでなにかやるときには、
遠慮したり、内にこもらず、面白くぶつかりあうことが大事だね。
ぶつかりあうことが面白いと思ってお互いをぶつけあう。
そうすれば、逆に生きてくる。

——岡本太郎

オレは、バンドメンバーの人間性なんて考えない。
オレに刺激を与えてくれる奴としか組みたくない。

――マイルス・デイビス

独　決

揮　動

指揮棒をふるひと。

もしオーケストラにふたりの指揮者がいたら？
プロジェクトでは、メンバーが皆でアイデアを
出しあって試行錯誤していきますが、
最後に決断するのはリーダーただひとり。
そこには、稟議もなければ多数決もなく、
責任を分担する仕組みはありません。
指揮台に立つひと（リーダー）は、
この孤独に耐えなくてはいけません。

発　旗

導　想

自分の「旗」をたてよう。

プロジェクトには、メンバーのモチベーションを
かき立てる強力な旗が必要です。
ここでいう旗とは、思想とヴィジョンを結晶化させた
コンセプトのこと。
それは、チームにとってのスターティングブロックになり、
社会に向けた顔となります。
旗は単純明快《シンプル》でなければ役に立ちません。
シンプルであるということは、
優先順位がはっきりしていて曖昧さがないこと。
「最後まで守るべきものは何なのか？」
それを突き詰めたものが旗になるのです。

45

手練
全集

メンバーに本気をださせる方法。

コアメンバーへの指示はミッション形式で行うのが有効です。
ポイントは、達成してほしいことだけを伝えて
実現方法までは縛らないこと。
「どうやるかは自由。自分で考えて！」
というやり方です。
受け取ったメンバーは、とことん自分の得意技を
考えながら手法を練っていくでしょう。
人は任せられたら誰もが全力で考えます。
それを集めて全体の作戦に集約すればよいのです。

守照

愛志

アイデアの盾になれますか？

プロジェクト進行中にアイデアは
種々のプレッシャーにさらされます。
制約を乗り越えるため、
リスクを減らすため、
共同作業をスムースに運ぶため…。
アイデア変形への圧力は、
ときに善意からもたらされることもあります。
優れたアイデアは
誰かが守らなくては傷つくもの。
だから自らが盾になって守り抜く。
その誰かになれるのはリーダーだけです。

唯選
滋味

ONEのために
NOといえる強さをもつ。

目の前にはリアリティのある選択肢が並んでいます。
魅力的な提案も持ち込まれてきました。
そんな状況で「いや、止めよう」というのは
「よし、やろう」というよりはるかに難しいこと。
ましてやタイムリミットが迫っていればなおさらです。
YESといえば楽になる時にNOというためには
強い意志が必要です。
しかし、“最上のひとつ”は、数多くのアイデアに
NOをいって手に入るもの。
苦しくてもNOといえるタフネスを身につけよう。

本末転伸

有終の美を目指すなら。

実際にプロジェクトが動きはじめると、
途中で変えたいと思っても
種々の事情や関係者の顔が頭をよぎって
躊躇してしまうこともあるでしょう。
皆の合意で遂行している作戦はリスペクトすべきだし、
進行中のプランを変えるには
少なからぬエネルギーも使います。
しかし、もっとよい方法が見つかったなら、
迷わず変えるべき。
メンバーも遠慮なく提案すればよいのです。
決めたプランをアンタッチャブルなものとして
死守する必要はありません。

上船
海決

「ぜんぶ知りたい」は我慢。

何かを決断するときには、情報が多いほど適切な判断をくだせると考えがちです。しかし、余分な情報は無用なだけでなく、ときに有害。問題を複雑に見せて判断を難しくするからです。リーダーは誰しも「すべてを知りたい。掌握したい」と思いますが、些細なことに対応しているうちに肝心なことが抜け落ち何が重要かわからなくなってくるもの。配下のメンバーが報告に追われるという避けるべき事態も招きかねません。
船長は船長にしかできない決断をするために、
船に乗っているのです。
その判断に必要ではない情報は要りません。
いちばん大事なことだけを掌握しましょう。

現存
気流

VIP席から指揮する監督についていける？

現場の最前線にいると、様々なプレッシャーや恐怖がこみ上げてくることもあるでしょう。しかし、それはリアリティと共にある証拠。それ抜きの判断はありえません。
もしリーダーが現実感を失ってゲーム感覚で意思決定をはじめたら危険です。
現場には現場だけの独特な空気がある。
リーダーは、現場だけに存在する"恐怖感"も含めて
皮膚感覚で感じて判断していくことが大切です。

51

盛場
攻激

成功体験は手強い。

過去の繰り返しはやめよう
と誰もが考えますが、
無意識に働きかけてくる
あの時のようにやれば上手くいくという
誘惑に打ち勝つのは簡単なことではありません。
楽をしたいわけではないのに、気がつくと
自己トレースへとハンドルを切っている。
成功は手に入れるのが難しいぶん、
手に入ると守りたくなるものです。
成功した時こそ、気をつけよう。

52

遠　投
溶　解

脳みそを解きほぐせ。

アイデアに行き詰まったり状況が厳しくなったりすると、
保守的になったメンバーが否定的な物言いをすることが
多くなります。気がつくと“できない理由”の説明ばかり…。
そんなときは、意識的にかき回す。
従来路線とは異なる想定外のオーダーを出したり、
メンバーにとって相互矛盾する状況をつくったりしながら、
あえて遠くに球を投げてみる。
創造的な刺激を与えて、防衛意識でガチガチに
固まった脳みそを解きほぐすのです。

53

頭角
分智

指揮権は犯すべからず。

司令官（リーダー／プロデューサー）は、
信頼して任せた指揮官（コアメンバー／ディレクター）の
指揮権を犯さないこと。
指揮官たちをスルーして指示を出しはじめたら
チームは機能しなくなります。
些細なことまですべてをリーダーが決めるという状況は、
指揮官たちの士気を下げるだけでなく思考意欲を奪います。
メンバーが思考停止して損をするのは誰？
最終的に作戦全体を決断するのはリーダーですが、
すべてを自分で決めようとは考えない方がいいでしょう。

差　位

価　展

「ズレ」にヒントを見いだす。

現場でズレを見つけたら、ただちに手を打つこと。
その際、単に修正して終わりではもったいない。
齟齬のなかに思わぬ発見や新たな展開へのヒントが
隠れていることがあるからです。
コンセプトを十分に理解しているコアメンバーが
やることには、それなりの理由があるはず。
じっくり話を聞いて、ズレが生じた
プロセスを解析してみよう。
ズレは戦術をアップグレードさせる可能性を秘めています。

響団
好学

リーダーがやるべき
４つのコミュニケーションとは？

オーケストラの指揮者は、奏者たちとの創作プロセスを通して
実現したい楽曲イメージへの理解や共感を促し、
モチベーションを高めあいながら
唯一無二の表現世界を創造していきます。
このとき指揮者がしていることは、
① 意志を伝える
② 知恵を集める
③ 針路を示す
④ 共感を育む
プロジェクトを率いるリーダーにも共通する
コミュニケーションの基本原理です。

魂送

言伝

リーダーのお言葉。

自分の思いを、自分の言葉で、情熱をもって語ろう。
参加メンバーに対して、関係者に対して、社会に対して。
それがリーダーの務めです。
「自分はこれを伝えたい！」
という強い気持ちで一生懸命
語りかけている人の言葉には
説得力があります。
たとえ話術はなくても、
その“思い”だけはちゃんと伝わる。
リーダーのメッセージで
いちばん大切なことはそこにあります。

57

調整

止揚

ネガティブな出来事にしない。

プロジェクトの修正や変更が
メンバーのモチベーションを下げてしまっては本末転倒。
調整にあたっては
「新しいアイデアを手に入れ、
よりよい状況に変えるチャンス！」
というスタンスで臨み、
メンバーの創造意欲をかき立てるよう工夫しよう。
修正や変更は避けられないことだからこそ、
ネガティブな出来事にしてはいけないのです。

58

白　黒

灰　愛

新しい価値にアクセスする方法。

創造的な営みは
パラドクスを
受容することからはじまります。
二項対立でものごとをとらえ、対象を分析して
白黒つけるだけでは「まだないもの」を
生みだすことはできません。
さまざまな矛盾や対立を受け入れ、
それらを綜合することで解消しようとする
プロセスの中にしか、
新しい価値にアクセスする道はないのです。

双眼
拓進

右手でリスクを引き受け、
左手で芽を摘みながら。

リターンはリスクと引き換えでしか手に入らないもの。
だから覚悟を決めて舵を握ろう。
もちろん運を天に任せるわけにはいきません。
あえてリスキーな航路を進みながらも
危険回避に全力を尽くして船を危機から守る。
船長に必要なものは、
危機を事前に察知する洞察力と
巧みに船を操る制御技術です。
この「予見する力」と「身を御す力」を
高い水準で備えていれば、
浅瀬や氷山の間を進むことも可能です。

直　感

観　知

ロジカルに考えて直観で決める。

論理的な道筋で判断しながら客観的データから演繹的に
結論を得られたら理想でしょう。
しかし現実の現場は、往々にしてそうはいかないもの。
情報が揃わないまま決断のデッドエンドが来ることはよくあるし、そもそも論理的考察になじまない事案も少なくありません。だからといって決断から逃げることは不可能。腹をくくって目の前の状況を見渡し、ミッションとヴィジョンに思いを巡らせながら自らの直観に委ねる。
自分の中にある暗黙知を信じて、
経験にもとづく直観で決めていくのです。

決信

自心

決断にはそれ自体に意味がある。

プロジェクトの意思決定には、
スピードとリズム感が大切です。
決断のタイムリミットがきたときに、
迷ったあげく決められないくらいなら、
まずは自分を信じて決断を。
たいていは後でなんとかなるし、
リーダーが信頼を失ってプロジェクトが
迷走しはじめるよりはマシでしょう。
決断のタイミングは、
判断の精度より優先します。
内容もさることながら
決断するという行為自体にも意味があるのです。

星座

合視

合理的な視線。戦略的な視点。

ものごとを決めるとき、
プロジェクト全体としての最適を考えて
「何が合理的か？」を判断していることでしょう。
ですがクリエイティブワークには、
もうひとつの大切な軸があります。
それは「他をすべて諦めてでもこれだけはやる！」
というこだわりです。
プロジェクトの強度をつくっているのは、
この戦略的な視点。
リーダーであれば、同時に２つのバランスに
気遣いながらメリハリのある判断をしたいものです。

表　深

重　層

2つのレイヤーを複眼で見る。

パーツを磨き上げながら、パズルを組み立てよう。
プロジェクト運営は、パーツ（部分）を製作しながら
パズル（全体）をやっているようなもの。
リーダーには「部分」と「全体」という2つのレイヤーを
同時にハンドリングする複眼的な視座が不可欠です。

- それぞれのパーツを
  どう磨いていけば
  全体が美しい形になるか？
- そもそも全体は
  どのような形であるべきなのか？

楽観
同悲

情熱的な楽観主義者《オプティミスト》
⇄臆病な悲観主義者《ペシミスト》

船長が不安そうにしていたら乗組員は心配になるでしょう。
リーダーは、メンバーの前ではいつも
情熱的な楽観主義者《オプティミスト》でいなければ務まりません。
必ずできるという顔は乗組員を安心させますが、
もちろん能天気なだけでは役に立ちません。
常に他のオプションを探し、
いざというときのバックアッププランを用意する
臆病な悲観主義者《ペシミスト》でもあるべきです。
リーダーは誰もがジキルとハイド。
そして、悩むときは独り。

65

人間行磨

信頼と敬意をもとに集団を率いる態度を身につけよう。

創造の現場では
「高いモチベーションで臨め！」
「革新的なアイデアを提出せよ！」
と命じたところで意味はありません。
メンバーを恐怖で服従させることはできないし
権威による統制も効きません。
必要なのは管理《マネジメント》ではなく統率《リーダーシップ》。
ここでいう統率とは人間的な魅力や強度を含む概念で、
メンバーの信頼と敬意をもとに集団を率いようとする
態度のこと。統率の駆動原理は、リスペクト。
権威に敬意がついてくるのではなく、
敬意の上に権威が形成されるのです。
ルーティンとは正反対。
これを間違うとクリエイティブな成果は望めないでしょう。

乗器創魂

リーダーに必要な才能とは？

必ずしもリーダー本人に特別な創造的才能が
備わっている必要はありません。
クリエイティブな人材を束ね、
モチベーションを喚起しながら
最高の仕事ができればよいのです。
よき理解者になり、よき世話役になる。
アイデアの盾になり、創造のパトロンになる。
それが、リーダーに必要な「才能」です。

君に会戦計画を付与するつもりはない。
達成してもらいたいことを計画しただけであり、
それをどのように達成するかは君の自由だ。

——ユリシーズ・グラント（南北戦争北軍将軍）

広くなにをなすべきかを聞き、少数の賢者の助言を得て、
最良の策をひとりで決定し、その実行にこだわるべし。

——マウリキウス（ビザンチン帝国皇帝）

高繋
志想

スペックから情景《シーン》は見える？

仕様を命題とする“スペック発想”から
自由になった方がいい。
スペックが目標になった瞬間に、
情景《シーン》への想像力を遠ざけてしまうから。
目指すべきは、スペックではなく
イキイキとした情景《シーン》です。

動機

勇満

モチベーション・オリエンテッドでいこう。

「期限内に／予算内に／計画通りに」は、
プロジェクト・マネジメントの根幹ではありますが、
それだけでは肝心なことが抜けています。
それは「動機《モチベーション》を満足させることができるか？」ということ。
期限を守り、予算を守り、プラン通りに進行することは、
手段であって目的ではありません。

69

多様

変意

「いま」を見ながら「つぎ」を考える。

ダム建設のようなハード志向のプロジェクトでは、
一度決めたゴールは動かないものです。
事前に設計された最終形に照準をあわせているため
いまとゴールが線形《リニア》的に繋がっています。
しかし、モチベーション志向のプロジェクトは、
いまとゴールが非線形《ノンリニア》。
守るべきものは動機《モチベーション》であって、
最終のカタチではないので、
どんなに姿が変わってもOK。
より良くするために、躊躇は要りません。

70

解熱
言術

その情熱を
ロジックに置き換えて。

どんなにモチベーションが堅固で
強い情熱を持っていても、
それだけでプロジェクトが動くわけではありません。
プロジェクトは団体戦です。
多くの人を巻き込んでいくことが必要なので
言葉や論理が重要になります。
●「最初のかたち」を言語化すること。
● 文脈を行動指針に翻訳すること。
概念に構造を与えて
伝達可能な形式に変換していくのです。

相　交

情　果

論理《ロジック》と情景《シーン》のキャッチボール。

コンセプトには対極的な２つの領域があります。

それは、

論理《ロジック》と情景《シーン》。

両者のキャッチボールを繰り返しながら

リアリティを高めていきます。

● コンセプトメイキングは、論理と情景のかけ算です。

72

一開
唯扉

保険は掛けない。

プロジェクトのメカニズムはシンプルな方がいい。
アイデアもロジックも、
保険を掛けるほど、
パワーは落ちていきます。
あれもこれもと欲ばっては、
強度のあるものにはなりません。
ギリギリまで絞り込み、
腹をくくって「これだけ」に賭けるのです。

大志

念配

あなたに「旗」があるなら、次の心配はするな。

プロジェクトは、やってみなければわからないことばかり。
すべてを計画《プラン》で縛りたいと思っても、
現実には難しいものです。
「道筋を詳細まで練り上げてからスタートしよう」
などと考える必要はありません。
第1打のティーショットからホールインに向けて
緻密にプログラムしたところで、
ティーショットがスライスしたら、すべてご破算。
常にゴールにはためく「旗」を見て動くことです。

74

快足
時觀

時間の適量を知る。

「時間が足りない」と誰もが嘆きます。
しかし、それは必ずしも悪いものではありません。
時間さえあれば良いものになるわけではないのだから。
むしろ逆で、時間が十分にあると不安になって、
よその意見を聞いたり中途半端に手を加えたり…と
余計なことをはじめてしまいがちです。
● 時間は足りないくらいがちょうどいい。

権　動

分　針

プランは中央。アクションは地方。

リーダーとコアメンバーで決めた作戦をもとに、
アクション部隊を総動員してプロジェクトは進みます。
その際、全体の作戦計画《プラン》は中央集権であっても、
それを実行していく部隊へは
地方分権の意識を持ちましょう。
各隊員がイキイキと機動力を発揮するためには、
彼らに独立して動けるだけの権限と
自由度を与えることが大切です。

76

法能

果報

クリエイティブの原動力は「方法」です。

プロジェクトをモノにする原動力は
「方法」であって「才能」ではありません。
クリエイティブなものごとを送りだす能力は、
独創的なアイデアを思いつく天賦の才に
依存すると考えがちではありますが
方法論を知って、それに使う“腕力”を鍛えることができれば
創造的な仕事は誰にでも実現可能です。

鍛　筋
実　現

２つの“スジ”を通すこと。

プロジェクトには２つのスジがあります。
それは、ミッションとモチベーション。
２つのスジが１つになって、
受精卵をつくり胎児になります。
ミッションとモチベーションは共に
「なぜ」にかかわるもので、固有かつ不変です。
「何を」はどんなに変わってもよいけれど、
「なぜ」は変わらないし、変えてはいけません。
最後までスジを通す。
それがプロジェクト成功の鉄則です。

78

手掛
創生

制約は発想のゆりかご。

さあ、制約に感謝しよう。
プロジェクトには数々の制約があります。
「この条件さえなければ…」と思うときもあるでしょう。
しかしクリエイティブなアイデアの多くは、
制約を乗り越えようと、
もがく過程で産みだされます。
「予算をいくら使ってもいい。時間も自由。
どんな条件でも叶えてやろう」などと言われたら、
いったい何を手掛かりに考えたらよいのでしょう？
追い詰められるからこそ、
アイデアにたどり着くのです。

持続
使命

ミッションとプロジェクトは一心同体。

もし状況が大きく変わったら、
作戦（戦術）を変えればいい。
しかし、ミッションに意味がなくなったのなら、
プロジェクトは解散すべきです。
そのミッションに最適化した
メカニズムを開発・準備していたはず。
流用や転用は不合理です。
基幹のアイデアも同様で、
アイデアが機能不全に陥ったまま船を走らせても
無駄な漂流を続けるだけでしょう。
“ご破算”もプロジェクト運営の
現実的なオプションのひとつです。

80

時計に限らず、ひとつの真理だから覚えておいた方がいい。
複雑なものを、たくさんの部品を使って複雑につくるのは、
じつは簡単なんだ。
複雑なものを、少ない部品で簡単な仕組みでつくる方が
はるかに難しい。
部品数が増えれば増えるほど、故障も増えるんだ。

——フランク・ミュラー

俺はアイデアの芽をもってスタジオに入る。
その芽は小さけりゃ小さいほどいい。
それをみんなに与え、どう扱うか様子を見てみる。
すると、ローリング・ストーンズのレコードができてくる
という仕組みなのさ。
俺がどうのこうのいうより、
そこからみんなが自分なりのやり方を見つけていくってわけだ。

——キース・リチャーズ

共感
瞬志

感心の先に感動はある？

言いぶんに理があれば「納得」するでしょう。
優れていれば「感心」されるかもしれません。
しかし「感動」となると話は別。
ロジックで説き伏せるだけでは感動には届きません。
人が感動するのは、相手の志に共感したときだけです。

● 感心と感動ではレイヤーが違います。

極　選

求　値

「正確だけど退屈」では役に立ちません。

誰しも情報は正確に伝えたいものです。
だからこそ皆、複雑なものごとの実相を
誤りなく伝えようと努力します。
しかし複雑なものを複雑なまま伝える情報は、
わかりにくくて退屈。
「正確で完全な情報提供」にこだわりすぎると、
結局は受け手には届きません。

● 伝える前に「何を捨てるか」を考えてみよう。

時事
羽題

話題になる条件。

意義のあるものは「評価」されますが
だからといって「話題」になるわけではありません。
メディアが好む条件を知っていて損はないでしょう。
① 新規性／新しさ
② 独創性／面白さ
③ 過剰性／法外さ
④ メッセージ性／一途さ
⑤ 時事性／タイムリーさ
⑥ 芸術性／美しさ
⑦ 触発性／身近さ

造　形
文　脈

シンプルな絵本のように。

あれもこれもと欲ばるほど、訴求力は落ちていきます。
要するに「何が言いたいのか？」
ギリギリまで絞り込んだプロットをつくろう。
“盛る”のではなく“削る”ことで勝負するCMのように、
登場人物やストーリーに無駄のない魅力的な絵本のように。
●保険を掛けたくなる気持ちに打ち勝とう。

点沸
会興

「つかみ」が肝心。

現代人は忙しい。
漫才と同じで、まずは「つかみ」が功を奏します。
Wow!　がなければ足早に通り過ぎて、
そこでおしまいということも。
相手に興味を抱かせるポイントはただひとつ、
「なぜ自分がそれを気にかけねばならないのか？」。
こちらの事情説明などからはじめてはいけません。

内　包

人　築

そこに誰がいる？

人が写っていない竣工写真がいちばん美しい
有名建築のようになってはいけません。
プロジェクトの主役は
常に「ひと」です。

好奇
続投

余韻を残す。

情報の洪水で相手をノックアウトしよう
などと考えない方がいい。
「もう終わり？」
「もっと知りたい」
くらいでちょうどよいのです。
過ぎたるは及ばざるがごとしで、
相手が時計を気にしはじめたらすでに手遅れ。
そうなる前に、
余韻を残して終わりにしよう。

集　結

網　世

コンセプトカーのイメージで。

訴求要素をカタログのように並べるだけでは
興味が湧かないし、面白くありません。
メーカーのクルマに対する世界観を
１台の車輌で表現するコンセプトカーのように、
情報をアッセンブルするのです。

新換
変口

メタファー（隠喩）と
アナロジー（類推）を味方に、
プロジェクトの志を
物語に置き換えよう。

「たとえ話」をつくれますか？

感　泉

間　覚

能書きよりシズル。

ワクワクするヴィジョンを語ろう。
大事なのは、シズル感です。
2001年にiPodが登場したとき、スティーブ・ジョブスは「5ギガバイトのメモリーを搭載したFMも聞ける重さ185グラムの携帯音楽プレイヤー」とは言わず『1000曲をポケットに』と言っただけ。2005年には「iPodシャッフルはガムより小さくて軽いんだ」でした。
スペックを説明するのではなく、
それを手に入れることで
「どんなライフスタイルが待っているのか？」
を訴求したのです。

90

納風
身伝

「腑に落ちる」ということ。

「知る」と「わかる」は違います。
情報《インフォメーション》があれば「知る」ことはできますが
「わかる」わけではありません。
人は身体《からだ》を通り抜ける実感を得たときに、
はじめて「わかった！」と感じます。
それが腑に落ちるということ。
体感できる要素を織り込んで、
身体性を発動させることが大切。
思想を体験に翻訳して伝えるのです。

共感
着信

説得よりも共感を。

勝負を決めるのは共感してくれるかどうかです。
理詰めで顧客を論破したところで意味はありません。
共感には２つの回路があります。
●「自分のことをわかってくれている」という親近感
●「自分と同じ方を向いている」という信頼感
プロジェクトの「物語」を熱く語って
“共感回路”へ歩を進めよう。

最　共
伝　説

最強の物語は、新しい自分。

「自分を変えてくれるかもしれない」
そう思えたとき、
人は特別な目で見るようになり
共感と愛着が発現します。

余白
好間

トレーラー※のように。

ときには、あえてさわりだけを見せて
「もっと知りたい」「本編を見たい」
という気分にさせよう。

※映画の予告編

相乗
即興

演説しない。

言いたいことを
がなり立てるのを止めて、
会話を楽しむつもりで臨もう。
相手を触発して反応を引きだす。
そのやりとりを楽しむ。
JAZZとおんなじ。
「一緒に考えるために語っています」
というメッセージが
共感への第一歩だと考えよう。

手報

効果

技法に貴賤はありません。

最新技術や先端表現が尊く正しいわけではありません。
静止画よりも動画の方が偉いとか、
手書きよりもフルCGが高級というものでもないでしょう。
むしろ使い古された原始的な手法が予想外の力を
発揮することだって珍しくありません。
問題はただひとつ。“効果”があるどうかです。
技法を盲信したり過度にすがったりしてはダメ。

追兎
狩逃

与えるのではなく捕獲させる。

従来のイルカショーはパッケージになった演出を
受動的に見て楽しむものでした。
しかし旭山動物園では、動物の生態を
能動的に見いだして楽しみます。
情報を与えるのではなく捕獲させている。
叩き込むのではなく、気づかせています。
発見の舞台になっている。
プロジェクトの情報訴求も、そうありたいと思いませんか。

接継

集中

立って90秒、座って9分。

ゲストはつくり手が期待するほど時間を割いてくれません。
アイデアは形になったところで
一気に3分の１に削るくらいでちょうどいいでしょう。
たとえば、映像で説明するとき、立見で90秒、
着席でも９分が限界と見積もってしかるべき。
生身の人間の講演でも、10分もすれば
たいていの聴衆の集中力は一気にドロップします。
しかし多くのプロジェクトでは往々にして、
この現実を無視して進んでしまいがちです。

異　質

触　拡

情報格差がシェアの
モチベーション。

インターネットによる情報シェアを誘発する最大の要因は
「自分だけが知っている」という優越感。
プロジェクトに触れた人間にそう思わせることができたら、
情報はかならず拡散します。

- 圧倒的な情報格差が生じるような仕掛けを組み込もう。

美　相

互　鋭

美しい全体を右手に。
とんがった部分を左手に。

均整のとれた美しい「全体」を見せて
安定感と合理性を伝え、
先鋭的でダイナミズムに満ちた「部分」を訴えることで
独創性と突破力をアピールする。
プロジェクトの語り手は、
これを同時にやらなければなりません。
相手の反応を見ながら
右手と左手を出したり引っ込めたりするのです。

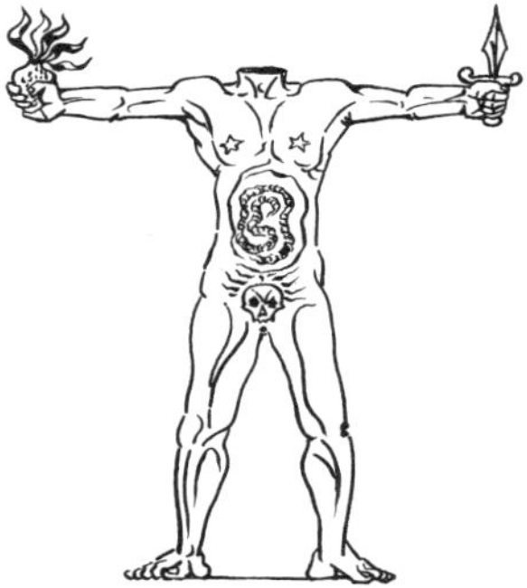

プロデュース100の心得。

2014年４月10日　初版第１刷発行

著　者　平野暁臣

言葉アート　星素子

編集協力　Sun Face Japan.

発行人　本田道生

発行所　株式会社イースト・プレス
〒101-0051
東京都千代田区神田神保町2-4-7　久月神田ビル8階
電話／03-5213-4700　FAX／03-5213-4701
http://www.eastpress.co.jp/

装　幀　臼田彩穂

印刷所　中央精版印刷株式会社

ISBN 978-4-7816-1150-1 C0095
定価はカバーに表示してあります。乱丁・落丁は本社にておとりかえいたします。